AF473149

ROYALE PYRAMIDE,

Dressee à l'heureuse memoire de feuë la Serenissime Royne MARGVERITE *Duchesse de Valois.*

Par Maistre MATHIEV MORGVES sieur de sainct Germain, Docteur en Theologie, Conseiller & Predicateur ordinaire du Roy, & de ladite feuë Royne.

Il [illegible] a fait autant à Mad. d'Angoulesme, [illegible]

Fortitudo, & decor indumentum eius, & ridebit in die nouissimo. Prouerb. vlt.

La force, & la beauté sont ses habits, & elle rira au dernier iour. *Prouerb. vlt.*

A PARIS,
Chez PIERRE CHEVALIER, ruë sainct Iacques à l'Image sainct Pierre, prés les Mathurins.

M. DC. XV.

Auec Priuilege du Roy.

ROYALE PYRAMIDE,

Dressee à l'heureuse memoire de feuë la Serenißime Royne MARGVERITE *Duchesse de Valois.*

LEs Autheurs sacrez & prophanes ont prins l'arbre pour symbole de la grandeur, & magnificence des Rois: c'est l'embleme que l'Escriture saincte leur donne en Ezechiel, & Daniel: ou parce que les Rois sont releuez par dessus les peuples, autant que les grands arbres surpassent en hauteur les petites bruyeres.

Est vt viro vir latius imperet
Arbusta sulcis.

Disoit le Lyrique Romain. Le Prince qui commande est comme l'arbrisseau esleué au milieu des sillons de la terre: ou parce que les Rois croissent en puissance, s'establissent en authorité, s'estendent en domaine longues annees, & en vn moment sont renuersez, ou par vn rude vent de fortune, ou par la rauine de la mort, ainsi que les arbres montent, & grossissent long-temps, & en peu d'heures sont abbatus & renuersez, *Magnæ arbores diu crescunt, momento extirpantur* (disoit l'Historiographe d'Alexandre, parlant de la defaicte de Darius.) Mais la plus belle raison est celle que l'Escriture saincte a remarquée; Tout ainsi que les arbres sont les retraictes des oyseaux, qui gazoüillent & bastissent diuersement sur leurs branches, & couurent les animaux de la terre qui se retirent sous leur abry. *Videbam, & ecce arbor in medio terræ, & altitudo eius nimia & in ramis eius conuersabantur omnes volucres cœli, & subter eam, habitabant animalia, & bestiæ.* Ainsi les Rois, & les Princes ont leurs domestiques & courtisans, qui perchez & appuyez sur les branches de ces beaux & magnifiques arbres chantent diuers rauages, & bastissent diuers nids de fortunes & auancements: les peuples qui sont sous la protection Royale ressemblent aux animaux de la terre, qui se retirent à l'ombre de leur souuerain; mais sur tout ceux qui reçoiuent quelque soulagement & rafraischissement en cest abry.

Diogene ne voulut point qu'Alexandre le Grand luy fit ombre; s'il entendoit seulement de l'ombre que luy rendoit son corps, il est tolerable en vn Philosophe; s'il y comprend la protection on ne le peut excuser d'auoir manqué de ciuilité: car on ne doit iamais se plaindre d'estre à l'ombre d'vn Grand, & d'vn bon Prince, veu qu'il n'y a plus saine, ny plus asseurée retraicte, & que c'eſt vne grande perte d'en eſtre priué: ce qui arriue lors que Dieu donne le commandement aux maladies de couper l'arbre, & à la Mort de le renuerſer; c'eſt pour lors qu'on oyt les lamentables chanſons des oyſeaux deſnichez, les cris & hurlements eſpouuentables des pauures animaux, qui n'ayants plus de couuert ſe voyẽt expoſez aux rayons chaleureux d'vn Soleil ardent & cuiſant. Nous auons veu ces iours paſſez au treſpas de la ſereniſſime Royne Marguerite la cheute d'vn grand arbre, qui eſtoit creu dans le iardin de France; arbre grand & haut en ſa Majeſté, eſtendu aux rameaux de ſes bienfaicts, droict au tronc de ſes intentions, ferme ſur les racines de ſa pieté; arbre qui eſtoit la retraicte de pluſieurs beaux & nobles oyſeaux: mais principalement de gens de lettres, deſquels ceſte Princeſſe oyoit volontiers les doctes chanſons, & l'abry des pauures de volonté, & neceſſité, des affligez de corps & d'eſprit, des incommodez de biens & de ſanté, qui à ceſte grande cheute ont ietté les voix lamentables de leurs pitoyables doleances: auſſi la mort des grands Princes & Princeſſes eſt ſemblable aux eclypſes du Soleil, qui apportent quelque alteration à tous les corps ſublunaires: mais ſur tout les plus foibles en ſont dauantage offencez, & endommagez, *Nemo regi ſuo tam vilis eſt, qui non illum perire ſentiat qualiſcunque pars imperij eſt*, dit Seneque. Perſonne n'eſt ſi peu de choſe à ſon Roy, qui ne reſſente ſa perte pour petite portion qu'il ſoit de ſon Empire. Les

François ont de tout temps esté tant amoureux de leurs Princes, que non seulement ils tesmoignent leur ressentiment à la mort de leur Souuerain, & cheute du grand arbre qui couure de ses rameaux tout le peuple de ce royaume: mais encore au decés des Princes, & Princesses que Dieu a voulu faire naistre, & croistre dans la pepiniere de la maison de France: principalement si à la qualité du sang Royal ils ont adjousté les vertus Royales & Chrestiennes, qui les transportent du fonds sterile de ce monde pour les transplanter au bord du torrent, qui arrouse la maison de Dieu, leur acquierent droict de seance parmy les rangs des immortels, & donnent place en la memoire des mortels, dans laquelle auec le burin de leurs vertueuses actions, elles ont graué leur nom bien plus auant que les anciens le leur, sur les lames de cuiure qui estoient dans le temple de memoire. La Serenissime Royne Marguerite de Valois a tant obligé le general de la France, & grand nombre de particuliers, que ce seroit vne marque d'ingratitude bien grande, d'enseuelir auec son corps la souuenance de ses vertus: mais la tache seroit bien plus laide en ceux qui ayans eu le bien de participer à ses bienfaits, se contenteroiẽt de donner quelques larmes au ressentiment de leur perte, taisans les loüanges qu'ils doiuent aux rares qualitez de leur bienfactrice. Ceste consideration a faict pancher mon esprit plustost du costé des Euloges, que du costé des regrets, ayant iugé que les morts auoiēt plus agreables les loüanges qu'on leur doit, que les souspirs qu'on leur donne, & qu'ils prennent plaisir de nous voir guarir plustost par raison, que par le temps, & puis que nous auons faict estat d'obeyr à leurs desirs pendant qu'ils nous commandoient en terre, il faut encore tascher de prendre de leur volonté la regle, & mesure de nous attrister de leur mort. Vne seule raison sembloit me destourner du dessein de dresser vne Oraison Funebre à ceste grande Princesse. C'est qu'outre l'asseurance que i'auois, qu'il ne peut riē partir de moy qui agree aux esprits releuez de ce temps, i'estois asseuré d'estre le premier mescontent de mon ouurage, croyant que tout ce que i'escrirois seroit bas & rempant, le sainct Genie & esprit tutelaire des gens de lettres s'estant retiré dans les Cieux, & que tout ce que ie dirois seroit muet, ne pouuant estre ouy par l'oreille delicate de cette Royne. Ainsi i'experimentois en moy ce que sainct Hierosme dict luy estre arriué en la mort de Nepotian son amy: *Vbi est ille* Διώκλις, *stupet animus, manus tremit, caligant oculi, et lingua balbutit, quicquid dixero, quia ille non audit, mutum videtur; stilus ipse quasi dissentiens, & cera subtristior vel rubigine, vel situ obducitur.* Qui ne voudra pardonner à mon esprit, pardonnera à mon ressentiment, & à mon peu de loysir. I'ay desiré bastir vn Sepulchre à ceste grande Royne dans dix iours, en autant de temps que les Atheniens ordonnerēt pour reprimer les despens excessifs qui se faisoient aux bastiments des tombeaux. *Lege ſancitum eſt, ne quis ſepulchrum faceret operioſius, quàm quod decem homines effecerint triduo* : Que perſonne ne baſtit ſepulchre qui ne peut eſtre paracheué dans trois iours par dix hommes, ou par vn homme dans neuf ou dix iours, dans lequel temps parmy l'occupation de mes predications ordinaires, i'ay dreſſé à la haſte vne pyramide à quatre faces, à la façon des Ægyptiens pour marque, & monument perpetuel de quatre vertus que i'ay remarqué, & choiſi parmy le grand nombre de celles qui ont embelly l'ame de ceſte Princeſſe, qui abandonnant les tabernacles de Cedar, ſ'eſt logee ſur les montagnes eternelles. Les Ægyptiens ont premierement dreſſé des colomnes pour ſepulchres à leurs Roys : mais ils iugerent que la figure pyramidale eſtoit plus propre, pour repreſenter leur grandeur. Le premier qui en fit edifier vne fut Cleopes, qui fit vne grande & exceſſiue deſpence, pour dreſſer vn baſtiment ſi haut & ſi large, que l'antiquité l'a mis au rang des merueilles du monde. Chephrenes frere de Cleopes en fit dreſſer vne bien grande, mais beaucoup plus petite que la premiere : Celle d'Aſychis a eſté eſtimee la plus prodigieuſe, parce qu'eſtant fort haute, & baſtie toute de brique, l'inſcription portoit que le Roy y auoit employé tant de gens, que toute la brique auoit eſté faicte de l'argile, que les ouuriers auoient tiré d'vn lac, chacun auec la pointe d'vne perche, & en vn ſeul coup. Ie m'aſſeure que ſi tous ceux qui ont reſſenty les liberalitez de la ſereniſſime

Royne

Royne Marguerite se pouuoient assembler en vn lieu, il s'en trouueroit plus grand nombre pour luy bastir vne pyramide, qu'Asychis n'en mit iamais en besogne pour dresser la sienne : mais son corps aura pour sepulchre le Mausolee Royal de sainct Denis, & ses vertus pour memorial ceste pyramide que ie leur desdie, l'ayant parsemee non à la guise des Ægyptiens, de nottes Hieroglyphiques, & lettres Arabesques: mais des reliefs de ses royalles vertus ; principalement de quatre, selon le nombre des faces, & à la maniere des anciens qui coronnoient les tombeaux, i'ay coronné la pointe, & le sommet du bon-heur de sa fin tranquille, pieuse, bien-heureuse. I'estimerois faire tort à mon sujeƈt, si pour la loüange de ceste grande Princesse i'entreprenois premierement selon la coustume des Orateurs, de la loüer de son estoc Royal : on diroit peut-estre que ie ne trouue pas assez de vertu en ceste branche Royalle, si ie m'amusois à descrire les loüanges de ses tiges, & à raconter ce que personne ne peut ignorer, qu'elle est issuë de tant de Roys de la racine de sainct Loys, petite fille d'vn grand Roy, fille d'vn autre grand Roy, sœur de trois Rois de France, ou parẽte, ou alliee de plus grands Princes, & Monarques de la Chrestienté. Ie ne veux non plus m'arrester aux rares perfeƈtions de nature, qui sembloit auoir ramassé en ce sujeƈt tous les dons qu'elle a espars en plusieurs, ie me contenteray de dire, que si le Roy Pyromis fit grauer sur son tombeau ces deux mots Grecs, καλὸς, κ' ἀγαθὸς, beau, & bon, que ceste inscription se pourroit encore auec plus de raison buriner sur ceste pyramide, belle, & bonne, ne se rencontrant que bien rarement ce trio, qu'on a remarqué estre bien concerté en ceste Princesse, vn beau corps, vn bel esprit, & vne belle ame. Charmides estoit en son bas aage vn beau ieune homme; mais Platon disoit que si on eust veu la beauté de son ame, on eust mesprisé celle de son corps, lequel n'arreste pas ma consideration assez occupee à contempler les belles qualitez desquelles Dieu auoit enrichy son ame, & qui sont en si grand nombre, que mon esprit se trouue autant, ou plus perplex & empesché, que ne seroit celuy qui entrant dans vn beau parterre esmaillé de toute sorte de rares fleurs, qui debatent toutes le prix de l'odeur, & de la beauté, doute d'en cueillir quelques vnes, craignant de faire tort à celles qu'il delaissera, & que ce ne soit vn preiugé pour les faire moins estimer. Ie vois qu'il n'est pas en mõ pouuoir de traiter toutes les Royalles vertus, qui ont embelly l'ame de ceste Princesse, & que ce suject qui requiert des liures entiers, ne se peut racourcir dans les limites d'vne Oraison Funebre, i'en prendray quatre seulement, que i'accommoderay aux quatre faces de ma Royalle pyramide: A sçauoir, la pieté, la liberalité, l'humanité, l'amour aux lettres: l'inscription ou escriteau sera tiré des tiltres que le Sage donne à la dame vertueuse, au dernier de ses Prouerbes: *Fortitudo, & decor indumentum eius, & ridebit in die nouissimo.* Il y a si grande accointance, & si estroite alliance entre les vertus, qu'à bon droict on les peut comparer aux anneaux, qui sont enlacez les vns dans les autres, comme les anciens marioient les sciences en l'Encyclopedie. Tertullien disoit que la patience estoit le nom general de toutes les vertus, lesquelles comme petits chaisnons aboutissent à ce gros anneau qui les tient toutes liees ensemble. Ceste patience est la force que le Sage donnoit à la dame vertueuse, asseurant qu'en ceste vertu estoit la beauté de son ame, & en ceste beauté la cause de son ris au dernier iour ; c'est à dire, de son contentement au dernier passage de la vie mortelle, & premier de l'immortelle. Et en effect, la force est le nom commun de toutes les vertus, & non d'vne particuliere : puis que toute action vertueuse est action de force. Car pour commencer par la pieté & religion, l'action pieuse n'est autre chose qu'vne action de force que la raison faict à l'appetit inferieur, pour l'assujectir à Dieu, & aux œuures qui concernent son culte & son seruice. C'est vn axiome de sainct Augustin, au traicté de *Viduis*. *Hæc est vera fortitudo, quæ naturæ vsum, sexus infirmitatem mentis deuotione transgreditur*. La deuotion qui surpasse l'vsage de nature, & l'infirmité du sexe, est la vraye force qui faict par la raison obeyr le corps à l'esprit, pour les rendre souples tous deux à Dieu, & les attacher par les œuures pieuses à son obeyssance, & seruice, estant necessaire pour la pratique d'icelles, de faire force à son inclination mauuaise, & nature deprauee,

Ceste verité a esté cogneuë & practiquee par feuë la serenissime Royne Marguerite de Valois, laquelle a forcé par la deuotion l'vsage de nature, l'infirmité de son sexe, la delicatesse de son corps Royal, & sur la fin de ses ans, la foiblesse de son aage ; pour se maintenir inuiolablement en ses premiers exercices de pieté Chrestienne, qui estoient tels qu'ils peuuent seruir de patrō & modelle aux Roys, Roynes, Princes, & Princesses, & confondre ceux, qui estants beaucoup inferieurs en qualité, ayants beaucoup plus de forces, & moins de diuertissements, desdaignent ceste noble practique. Dauid loüoit Dieu sept fois le iour, ceste Princesse le loüoit & prioit bien plus souuent : le matin elle passoit du lict à l'Oratoire, apres sa priere elle assistoit au sainct Sacrifice de la Messe, laquelle estant paracheuee, tandis qu'on l'habilloit on luy faisoit lecture d'vn liure de deuotion : estant vestuë elle assistoit à vne seconde Messe, outre la haute qu'elle oyoit tous les iours, qui est vne practique d'ancienne pieté parmy les Roys, & Roynes : elle recitoit exactement vn seruice bien long sans en diminuer rien pour pressente occupation qui luy suruint : A l'issuë de sa grande Messe, sa musique salüoit & loüoit la tres-saincte Trinité, le sainct Sacrement de l'Autel, & la bien-heureuse Vierge, les Oraisons & Suffrages pour la santé du Roy, & pour le soulagement des fidelles trespassez n'estoient iamais oubliez : la procession faicte, on finissoit par vn *Te Deum*, comme on auoit commencé par le *Veni crea-*

tor : elle n'entroit iamais à table sans auoir faict prieres à deux genoux ; apres les graces publiques elle entroit de la table en l'Oratoire, comme de l'Oratoire elle estoit venuë à la table: elle ne manquoit iamais d'ouyr Vespres tous les iours, ou à son logis, ou dehors: Communioit trois fois la sepmaine : à sçauoir, le Dimanche, Mardy, & Vendredy, auquel iour elle ieusnoit, pour le respect qu'elle portoit à la Passion du Sauueur du monde, & pour action de graces des grands biens, & singulieres faueurs qu'elle disoit auoir receu à pareil iour, & qu'on luy a ouy souuent cotter, estant du depuis decedee vn Vendredy cent ans apres le couronnement de François premier son grand pere, Prince clement & restaurateur des lettres. Sur ce discours de la pieté de cestre Princesse, ie ne veux point aduancer des veritez, qui rempliroient d'estonnement plusieurs personnes, & à bon droict la difficulté que i'aurois de trouuer croyance parmy ceux qui sont, ou preuenus de mauuaises, & fausses apprehensions, ou qui veulent flatter leur licentieuse vie par la mescroyance des rares exemples de vertu, fait que ie cacheray à la posterité des actions, desquelles ie suis tres-asseuré, touchant les exercices secrets de pieté pratiquez par ceste grande Royne, qui desroboit aux yeux des hommes la cognoissance des choses qu'elle vouloit estre sceuës de Dieu seul, & de ceux desquels sa qualité ne luy pouuoit permettre de se cacher. Aux rencontres des festes plus solemnelles en l'Eglise, elle redoubloit ses exercices ordinaires de deuotion, assistoit aux Predications, & heures Canoniales, visitoit les Eglises, rendoit le deuoir d'obeyssance à sa paroisse: principalement és iours de Pasques, Noël, & Feste-Dieu assistoit aux Processions & Messes solemnelles, donnant vn exemple de soubmission, & obeyssance Chrestienne. Quelques iours deuant son decez, estant reuenuë d'vn grand syncope, demanda de son mouuement son Curé, pour l'administration des Sacremens derniers; Sacremens qu'elle receut auec grand ressentiment & demonstration de pieté, mesprisant les honneurs, condamnant les delices, desdaignant le monde, ne souspirant qu'apres le Paradis, ne respirant que Dieu, n'aspirant qu'à la gloire eternelle. Toutes ces actions, & grand nombre d'autres que ie ne deduiray pas, pour n'auoir entrepris de les estaller, toutes sont asseurez tesmoignages de sa pieté, & nobles emblemes, pour grauer sur la premiere face de nostre Royale pyramide. On pourroit rapporter à ce chef ses pieuses aumosnes, & charitez: mais il vaut mieux les reseruer pour la seconde face, qui doit representer les pourtraicts & pourfils de sa liberalité. C'est à ce point que ie peux dire ce que disoit sainct Hierosme de la noble & vertueuse Dame Romaine Paula; *Ingens eius laudum se mihi campus aperit.* Icy s'ouure vn grand champ pour courir, & vn grand subiect pour discourir. Si la liberalité de laquelle vserent les Dames Romaines lors qu'elles offrirent librement leurs bagues, & ioyaux, pour le soulagement de la Republique du temps de Camillus, & du siege des Gaulois, leur acquit le droict d'oraison funebre par arrest du Senat, & si vne seule action remarquable les fit estimer dignes d'vn si grand honneur ; quel droict de pompe, & loüange funebre auront acquis tant de liberalitez vrayement Royales, exercees par feuë la serenissime Royne Marguerite enuers toutes sortes de personnes, mais principalement enuers les pauures, & incommodez? Si les largesses de Constantin le Grand furent tellement prisees des Chrestiens, & Payens de son temps, que les Payens le mirent apres sa mort aux rangs de leurs Dieux, & l'Apotheoserent, & les Chrestiens le placerent entre les Saincts, & le canonizerent : Ceste vertu seule seroit capable mesme parmy les Barbares, & Payens d'obtenir à ceste Princesse vne Apotheose, luy ayant acquis desia parmy les Chrestiens vn los eternel, & comme ie veux probablement croire, impetré en la maison de Dieu vn siege parmy les ordres des bien-heureux immortels.

C'est sur ce point que nous pouuons dire auec verité : *Fortitudo & decor indumentum eius :* Car la liberalité part de force d'esprit, comme l'auarice vient de defaut de courage, & de pusillanimité. Entre les belles qualitez, & rares vertus que Dieu auoit mis en l'ame de Salomon, la liberalité estoit vne des premieres : *Dedit Deus sapientiam Salomoni, & prudentiam multam nimis, & latitudinem cordis.* Le docte Abulensis dit que ceste largeur de cœur est la liberalité, qui part d'vn cœur large, & fort, tout ainsi que l'auarice procede d'vn cœur estroit, & foible. Mais ce cœur ample de Salomon sur la fin de ses iours se resserra; tellement qu'il s'addonna à l'auarice, ayant perdu auec la sapience, la magnificence, qui a accompagné céte Princesse iusques au tombeau : Princesse qui estoit l'Autel de refuge des affligez, la ville d'asyle des miserables, la retraicte des paures, le havre des tourmentez, ausquels tous les ans, pour quels affaires, & incommoditez qui luy soient suruenuës, elle a donné la disme de ses reuenus, & pensions, preferant semblables charitez à tous ses autres desseins. Les premiers deniers receuz, & distribuez, estoient ceux qui estoient affectez aux œuures de pieté, & entretien des Religieux, Religieuses, Hostels-Dieu, & Pauures enfermez, qui receuoient toutes les annees des bienfaicts de ceste Princesse, plus de six vingts mille liures, sans les aumosnes particulieres qu'elle diuisoit tous les iours de sa main, sans y comprendre la nourriture de plusieurs necessiteux, que la honte retient de demander de porte en porte. Son hostel estoit ordinairement assiegé des escadrons de semblables gens, qu'elle n'a iamais desdaigné de voir, & ouyr les tristes discours de leurs infortunes & miseres, permettant mesme qu'ils approchassent de sa table. N'est-ce pas vn rare exemple de vertu, de voir vne Royne vn premier iour

de l'an

de l'an dernier passé, à son disner, parmy les objects de plaisir, visites des grands, & aubades des violons, musiques, fleustes, & haubois, commãder qu'on permist aux pauures de s'aduãcer: Ausquels, apres les auoir ouys & interrogez dõnoit elle-mesme, nourrissant d'vne main son corps, & de l'autre repaissant son ame par le soulagemẽt des indigents; qui au trespas de leur bien-factrice, comme ceux qui se voyoient chargez des liberalitez de ceste noble Dame Tabitha, tant recommandee aux Actes des Apostres, pour ses aumosnes, ont remply le ciel de regrets, & moüillé la terre de larmes: ainsi qu'en la maladie ils auoient chargé les Autels de vœux, & les Anges de prieres, pour porter deuant la majesté du grand Dieu, pour la santé de ceste Princesse. Mais ils ont gagné ce que Seneque disoit que les bons Medecins deuoient tascher de practiquer. *Quibus vitam non possunt, facilem exitum præstent*: Ne luy ayant peu impetrer la vie, luy ont rendu la mort plus facile, & plus heureuse. Grande Royne, *Eleemosynæ tuæ ascenderunt*: Vos aumosnes sont montees deuant Dieu, & ont fait decouler sur vostre ame liberale, la grace de bien, & paisiblement mourir. Le Sage donnoit vn bon aduis, de cacher les aumosnes dans le sein du pauure; parce qu'il recognoissoit que ce sein auoit vne vertu chaleureuse pour les couuer, & viuifier, & de metamorphoser les choses mortes, qui sont les richesses terriennes, en graces celestes, efficaces, & viuifiantes. Le pauure qui estoit deuant la porte du richard, autant delicieux, qu'immisericordieux, auoit nom Lazare, qui signifie homme de secours; parce que le pauure est le secours du riche, cõme le riche est le secours du pauure: mais le soulagement que le riche reçoit du pauure, est bien plus grand que celuy que le pauure perçoit du riche: *Non tam diuites propter pauperes, quàm pauperes propter diuites: quia plus confert diuiti pauper, quàm pauperi diues*, dit Innocent troisiesme. Ceste Princesse a recogneu ceste verité, & a entrepris le traffic que le fils de Dieu conseilloit, achetant le ciel par la terre, & les biens eternels par les perissables; donnãt aux disetteux, ce qui estant conserué, ou autrement employé, est perdu, & estant ainsi perdu, est heureusement conserué.

Sage, & bien aduisee Royne, qui auez sceu recognoistre, que mieux valloit laisser les bastiments de ce monde imparfaicts, appliquant en œuures pies ce qui les pouuoit mettre à chef, pour bastir vn Louure eternel, des galleries, & des pauillons sur le fonds arresté du ciel empyree: bastiment, auquel ont trauaillé autant d'ouuriers, qu'il y a de pauures de volonté, & necessité, qui ont tiré quelque soulagement de vos charitables largesses. Sainct Ambroise donne ce beau precepte: *Non oportet superfluas ædificationes aggredi, & prætermittere necessarias.* Les grands bastiments de la terre sont bien souuent superflus, & ceux du ciel sont tousiours necessaires; Il est beaucoup plus expedient de laisser imparfaicts ceux de Paris, & parracheuer ceux de Paradis. Que si le mesme Docteur a dit: *Perfecta liberalitas fide, causa, loco, tempore commendatur:* Qui doutera que celle de laquelle a vsé ceste vertueuse Royne n'aye esté bien parfaicte; puisque sa source estoit la viue foy, son motif l'amour de Dieu, & du prochain; sa fin le gain du Ciel, le lieu son Hostel, & toutes les demeures des Religieux, & des pauures; le temps tous les iours, toutes les heures, tous les moments: mais pour le comble de perfection, Dieu requiert la ioye, & le contentement à donner, *Hilarem datorem diligit Deus,* dit S. Paul: Qui a donné auec plus de ioye que ceste Princesse, qu'on n'a iamais veu plus alegre, que lors qu'elle donnoit, ny plus triste que lors qu'elle ne pouuoit donner: de sorte qu'on en peut escrire ce que S. Gregoire a dit des aumosnes du Roy Iob: *Non patronum, vel proximum, vel adiutorem pauperum; sed patrem fuisse testatur; quia nimirũ magno charitatis officio studium misericordiæ vertit in affectum naturæ.* Iob ne dit pas, i'ay esté l'Aduocat, ou l'ayde du pauure: mais le Pere; par ce que son inclination à bien faire luy estoit cõme tournee en affection naturelle. Ce graue Docteur dit en vn autre lieu, que la main donne tousiours lors que le coffre du cœur est remply de bonne volonté, *Nunquã est vacua manus à munere si arca cordis est repleta bona volũtate.* D'où i'infere, que ceste Princesse a sans cesse donné doublement ayant tousiours la main ouuerte pour donner ce qu'elle auoit, & le cœur rempli de desir de donner dauantage qu'elle n'auoit. Mais il ne faut pas borner les liberalitez des Roys, Roynes, & grands Princes, dans le pourpris de la necessité de ceux qui ne peuuent se passer de leurs bienfaicts, ce seroit faire la condition des grands trop dure. Il leur est encore loisible de faire du bien à ceux qui pour se mettre mieux à leur ayse, & plus au large, ont besoing de leur ayde, & qui peuuent en les seruant, aggrandir leur petite fortune, & la rendre meilleure. Mais en ce point il faut suiure la regle de sainct Gregoire: *In liberalitate modus adhibēdus est, rerum, & personarum: rerum, vt non omnia vni, sed singulis quædā præstentur, personarū vt pluribus prodesse posimus:* Il faut garder vne mediocrité, & faire choix des personnes, ne donner pas tout à vn, mais quelque chose à plusieurs. Maximes que ceste grande Princesse a tousiours obseruées, & que les Roys doiuent garder, pour tascher en ce point d'imiter le souuerain Monarque du monde, qui fait paroistre ses thresors en donnant, non tout à vn, mais à chacun, selon sa volonté, & capacité de celuy qui reçoit: *Qui dat omnibus abundanter, & nemini improperat:* Qui dōne à tous abondamment, quoy que diuersement, & ne reproche rien à personne. Ce n'est pas vne petite science de sçauoir donner, dit Seneque. La serenissime Royne Marguerite de Valois defuncte, s'est renduë tant recommandable, & remarquable en ceste vertu de liberalité, que l'epithete le plus conuenable que la posterité puisse luy donner, & le plus propre tiltre qu'on puisse grauer sur le vase qui enfermera son cœur, est celuy de Princesse liberale. Et semble que pour ceste rare qualité particulierement Dieu luy a protesté ce que Boos asseuroit à Ruth, pour autre subject : *Sciet omnis populus, qui habitat intra muros vrbis meæ, mulierem te esse virtutis :* Toute la terre habitable, qui est la grande Cité de Dieu, sçait que vous auez esté vne Dame de vertu, forte en vostre liberalité, belle en vostre magnificence Royale, qui sera la cause principale de vostre rire, c'est à dire de vostre contentement en vostre dernier iour, & heure de vostre trespas, & qui apres vostre mort fournira vn grand sujet de loüange, & rare exemple à ceux qui suruiuront, & naistront, & des nobles portraicts, pour grauer sur vostre tombeau, & Royale Pyramide.

La liberalité a pour compaignes la douceur & clemence, dit Valere ; la bonté est mere de la liberalité, qui part d'vn esprit doux, debonnaire, facile, plein de compassiõ, fort, & magnanime : les Roys, & les Princes qui par la puissance sont releuez par dessus les peuples, & portés par toute sorte d'obiects au mespris de tout ce qui leur est inferieur, lors qu'ils s'abbaissent, & se rendẽt traictables, & familiers, doiuent estre estimez forts, & courageux. Vn grand acte de generosité est de donner liberalement, & plus grand de receuoir toutes personnes amiablement, tres-grand de pardonner librement. L'Orateur Romain disoit que les femmes estoient plus portees à l'auarice que les hommes, Aristote les iugeoit plus hautaines, & plus difficiles à appaiser : mais ceste Princesse a monstré par les vertus cõtraires à ces vices; qu'il y auoit des femmes, & des Roynes, lesquelles en liberalité, bonté, & clemence, surpassoiẽt beaucoup d'hõmes, & de Roys. Assuerus ne doit estre estimé debonnaire pour auoir abaissé sa baguette Royalle deuant Hester qu'il aymoit, paroissant au reste du peuple formidable: Mais le Prince qui abaisse deuant les hommes de basse condition le sceptre de sa grandeur, & auec vn visage doux, & riant reçoit toute sorte de personnes, merite de porter le tiltre, & le nom de clement, & humain, qualitez, qui conuiennent à ceste grande Princesse, qui receuoit toutes conditions d'vn mesme œil, & visage, cherissoit les Princes, honnoroit les Ecclesiastiques, & Religieux, caressoit la Noblesse, aymoit les gens de lettres, voyoit volontiers les miserables, pardonnoit librement à ses ennemis, & sans attendre la demonstration du repentir a receu tous ceux, qui l'auoient trauersee en la desroute generale de la France, & tẽpeste, qui a rudement battu, & par trois diuerses reprises assailli son vaisseau tellement agité des flots des guerres ciuiles, qu'apres auoir long temps erré és costes, & plages de Gascougne, Guyenne, Agennois, & autres Prouinces, elle a esté contrainte de loyer: & pour ceder à la violence de la tourmente, se retirer a l'abry d'vn rocher en Auuergne, la prouidence ſpeciale de Dieu, & la ſage conduite l'ayant guarantie du naufrage. La mer eſtant calme elle a donné plus de faute au temps qu'aux hommes; ſçachant bien, que lors que les Empires ſont en leurs annees climateriques les fieures chaudes font dire, & faire beaucoup de choſes aux malades, deſquelles ils ſe repentent l'accez eſtant paſſé, & auſquelles leurs amis ne doiuent prendre pied, & aſſeurer iugement: mais taſcher de diſſiper par tous moyens les mauuaiſes humeurs, qui cauſent ces intẽperies, & monſtrer en cela la charité enuers vn eſtat malade, deteſtant neantmoins la maladie. Il ne faut pas doubter que ceſte grande Royne n'aye beaucoup contribué de ſa part à la cõualeſcence de ceſte Monarchie, ne s'eſtant iamais monſtree difficile à tout ce qu'on a deſiré de ſon coſté pour le bien public, & paix de ce Royaume, qu'elle a touſiours tendrement aymé, & enſemble la perſonne Sacree de nos Roys qu'elle a fidellement ſerui en ce que ſon ſexe luy pouuoit permettre, rapportant ſon authorité, experience, conſeils, & perſuaſions pour maintenir la paix, & deſtourner amiablement les deſſeins de ceux, qui ſembloient s'acheminer à troubler noſtre repos. Mais ce ne ſeroit pas grãd ſubiect de loüange d'auoir chery ce que la nature nous enſeigne d'aymer. La vertu ſe rend bien plus remarquable lors qu'on affectionne celuy qui a deſobligé, ou par parole, ou par effect: comme la blancheur & beauté du Lys paroiſt beaucoup plus parmy la laideur des eſpines qui le bleſſent, auſſi la bonté de ceſte princeſſe eſclate d'auantage en l'affection quelle a teſmoigné à ceux qui l'ont trauerſee, & qu'elle a reçeu auec toute ſorte de demonſtrations d'oubliance ; n'ayant iamais voulu vſer d'aucune eſpece de vengeãce, ni permettre aux ſiens de ſ'en ſeruir, quelle ſorte d'iniure qu'on luy aye dit, ou faict: imitant en ce point la clemence de Dauid, qui ne voulut obeir à la ferueur d'Abiſai, qui demandoit permiſſion d'aualler la teſte à Semei injurieux à ſon Prince: Laiſſez-le viure, diſoit ce Roy debonnaire, Dieu l'a enuoyé; il aura eſgard à mon affliction. Ceſte Princeſſe n'a iamais vſé du zele des ſiens, leur defendant tres-expreſſement de rien entreprendre ſur ceux qui l'auoient indiſcrettement offenſee: & ne ſ'en trouuera vn ſeul qui puiſſe dire auec verité, qu'il en a receu quelque deſplaiſir, mais pluſtoſt toute ſorte de courtoiſies, & bons offices, ſelon la loy de Dieu, qui veut qu'on rende le bien pour le mal.

Le ſacrifice d'Elie fut merueilleux, en ce que le feu ſ'alluma à la victime moüillee: & l'affection du Prince eſt plus recommandable, & de plus grand merite deuant Dieu, lors qu'elle ſ'attache à celuy qui apporte des diſpoſitions contraires. Origene dit, que le fils de Dieu maudit le figuier qui ne portoit point de fruict, quoy que ce fuſt hors de la ſaiſon des figues, & en hyuer: pour enſeigner

gner aux hommes, mais ſur tout aux Princes, qu'il falloit porter le fruict d'affection & amour, meſme hors de la ſaiſon du merite. Tous les Chreſtiens, mais principalement les Roys, doiuent ſçauoir les nobles maximes que tenoit l'Empereur Theodoſe, qui enſeignoit à pardonner les injures par la conſideration de la ſource d'où elles procedent: *Si ex leuitate proceſſerit, contemnendum eſt: ſi ex inſania, miſeratione digniſſimum: ſi ab iniuria, remittendum.* Il ne faut pas guarir les Princes par la medecine qu'Ariſtote ordonnoit à ſon diſciple Alexandre, auquel il conſeilloit, pour meſpriſer les iniures, de ſ'eſtimer le premier, & le meilleur de tous les hommes, & vn Dieu en terre. C'eſt panſer la colere par la ſuperbe, & faire en mauuais Medecin, qui pour couper vn accez de fieure ardente, iette dans vne lente, & continuë. Il vaut mieux que le pardon vienne de douceur, & humilité Chreſtienne, que ſi la patience venoit d'orgueil, & ſuperbe: vices que ceſte vertueuſe Royne a tellemēt ignorés, qu'on peut dire librement, qu'eſtant en tout & par tout grande, en la ſeule opinion de ſoy-meſme elle eſtoit petite. Mais la grandeur des Princes Chreſtiens eſt en ceſte petiteſſe, leur majeſté en leur douceur, leur pouuoir en leur clemence, leur authorité en leur bonté. Toutes ces vertus qui les rendēt doux, traictables, & de facile abord, ne doiuent en rien diminuer le reſpect qu'on leur doit: mais l'augmenter, comme nouueaux ſujets qui les rendent plus recomman-dables, & dignes de l'honneur que la vertu adjouſte à celuy de leur extraction, & puiſ-ſance.

Ie concluds ce diſcours par les euloges que donnoit ſainct Hieroſme à Proba, Da-me de race, & vertu tres-illuſtre : *Proba illa, omnium dignitatum, & cunctæ nobilitatis in orbe Romano nomen illuſtrius, cuius in vniuerſos effu-ſa bonitas, etiam apud barbaros venerabilis fuit.* Ceſte inſcription doit eſtre grauee ſur la troiſieſme face de noſtre Pyramide. Mar-guerite, Princeſſe la plus illuſtre en extra-ction, & dignité, qui fuſt au monde: Mar-guerite, qui par ſa bonté, & douceur enuers tous, ſ'eſt renduë recommandable aux François, & eſtrangers; qui entre les rares beautez de ce Royaume, & magnificences de ceſte Cour, ont ſur tout admiré l'affabi-lité, honneſteté, & courtoiſie de ceſte Prin-ceſſe.

Ie viens à l'embelliſſement de la quatrieſ-me face, ornee des emblemes de ſon amour enuers les lettres, & protection des hommes ſçauãs, l'affection qu'elle leur a monſtrée, & aſſiſtance qu'elle leur a donnée. Ie ſçay bien que la perfection de ſcience n'eſt point re-quiſe en vn Prince, & beaucoup moins en vne Princeſſe, & que ſuffit quelque cognoiſ-ſance pluſtoſt pour gouuerner, que pour diſ-puter; ils ne doiuent pas eſtre de ceux que Seneque diſoit eſtre curieux d'apprendre pour l'eſcole, non pour la vie: *multi ſcholæ diſ-*

eunt, non vita. Ie sçay bien qu'il n'y a personne qui doiue plus sçauoir & choses meilleures que les Princes, *Nemo est quem oporteat plura, & meliora scire quàm principem,* non tant de ce qui se traicte à l'escole, que de ce qui se doit practiquer au gouuernement politique. Neantmoins c'est vne rare vertu en vn Roy, auquel sa qualité, & occupation ne permet de s'addonner beaucoup à l'estude des lettres, de se plaire à ouyr ceux qui en ont acquis quelque cognoissance : il ne peut mieux ny plus profitablement employer quelque heure de son loysir, c'est vn noble diuertissement, qui tesmoigne vn esprit bien faict, & vne ame vrayement Royalle, laquelle desdaignant de se repaistre tousiours des considerations terriennes, & discours vains, & legers, qui sont les ordinaires propos que les ignorants aduancent en la table, cabinet, & recreations des Princes, qui doiuent tesmoigner qu'ils ont le iugement & l'esprit autant releué que l'estoc, en rejectant ces entretiens inutiles, & oyseux, pour ouyr les graues sentences des hommes illustres, & sages de l'antiquité, leurs maximes de police, leurs heroiques faicts, leurs vertueux exploicts, leurs dictons remarquables, les diuers euenements & rencontres, les loix des nations estrangeres, les principes des Philosophes moraux, & physiques; les ressorts admirables pour la conduite des esprits, les beaux exercices de guerre, & de paix; les secrets des langues, le fil de l'histoire sacree, &

prophane, ſont diſcours dignes d'vn Roy, d'vne Royne, d'vn Prince, & d'vne Princeſſe. Feüe la Sereniſſime Royne Marguerite nous en laiſſe vn exemple d'autant plus rare, qu'il eſtoit ſingulier. Quelques-vns iugeront que la ſcience eſtoit moins ſeante à ſa qualité, & à ſon ſexe: mais elle n'a peu mieux employer le loiſir que les troubles de ce Royaume luy ont donné, lors qu'elle viuoit ſequeſtree des bruits de la Cour, qu'en inſtruiſant ſon bel eſprit: n'eſtant point la premiere de ſon ſexe qui ſ'eſt renduë recommandable en ſcience, encores qu'elle ſoit la premiere de ſa qualité.

On demandoit à vn ancien Philoſophe, deuenu miſerable, dequoy luy ſeruoit ſa Philoſophie: Il reſpondit, qu'elle luy aydoit à porter ſa miſere. Ceſte Princeſſe l'a appriſe pour vn ſoulagement à ſes afflictions, & noble diuertiſſement de la penſee des maux, qu'elle a ſupporté auec vn ſi grand courage, que l'on peut dire auec verité, que le plus noble traict, & lineament de la beauté de ſon ame, eſt celuy que la force & conſtance y ont tiré. Elle n'a pas ſeulement aymé en ſoy les ſciences, mais encores és autres. Ses repas eſtoient des banquets des ſages, auſquels elle repaiſſoit ſon ame des metz delicieux, que les bons eſprits, & des mieux inſtruits de ce Royaume és ſciences diuines, & humaines, & cognoiſſance des langues, auoient preparé pour la bouche Royale de ſon ame, qui eſtoit ſon aureille delicate. Elle rapportoit ſon ſymbole ſi à propos, que ceux qui auoient toute leur vie traicté les lettres, & manié les liures, reſtoient grandement eſtonnez de ſes propoſitions, objections, & definitions. Mais il faut aduoüer, que tout ainſi que les Aigles Royales ont l'aiſle plus forte, & l'œil plus vif que les communes: auſſi les eſprits des Princes ont la viuacité, facilité, & ſubtilité plus grande, que les ordinaires. Vn ancien diſoit, que c'eſtoit vn plus grand honneur à vn Roy de reſpecter vn Philoſophe, qu'à vn Philoſophe de ſeruir vn Roy: Mais c'eſtoit vn Philoſophe qui parloit à ſon aduantage, & vouloit priſer ſon meſtier. Le plus grand honneur qui puiſſe arriuer à vn homme lettré, eſt, qu'il ſoit chery, & volontiers eſcouté d'vn grand Prince, qui par ſes loüanges anime ſon courage, & par ſes bienfaicts ſoulage ſon trauail, ainſi qu'a faict à pluſieurs ceſte grande Princeſſe; laquelle par ce moyen s'eſt acquiſe vn honneur & los immortel, que les langues & plumes de tant d'hommes lettrez qu'elle a obligé, luy donneront, non ſeulement en ce Royaume, mais par tous les coins du monde.

Vn Grec nommé Pſaphon, deſireux d'acquerir le nom, & tiltre de Dieu, ſ'aduiſa d'vne ruſe que l'ãbition luy enſeigna: Il apprit à pluſieurs oyſeaux, auſquels la nature a donné les organes plus propres, & la facilité plus grande, pour contrefaire la parole des hommes, à chanter, Pſaphon eſt vn grand Dieu : ses escholiers mis en liberté, ne pouuoient dire autre leçon par les bois, & par les campagnes, que celle que le dessein ambitieux de leur maistre leur auoit appris ; qui fut la cause qu'on luy dressa par tout des Autels. La vanité de cét homme n'auoit que des oyseaux ignorans de ce qu'ils disoient, pour prescheurs de sa feinte, & affectee diuinité. La Royne Marguerite de Valois aura pour trompettes de ses liberalitez tant de nobles, & sçauans oyseaux qu'elle a nourris, & qui feront retentir par tout le monde les Apotheoses de la protectrice des bonnes sciences, & sainct Asyle des bons esprits, qui ne scachans maintenãt sur quel arbre percher, remplissent l'air de leurs lamentables chansons. Ionas estoit à l'ombre d'vn lierre bien verdoyant, & touffu, qui le couuroit & deffendoit du Soleil, le voyant seché tout à coup par les morsures d'vn vermisseau, qui luy rongea la racine, se plaignoit en son cœur, Dieu luy dit, *Putasne bene irasceris tu super hederam quæ vna nocte nata est, & sub vna nocte peryt.* Tu n'as point de subiect de te fascher pour ce lierre, qui estoit né dans vne nuict, & est mort dans vn autre. C'est estre trop oublieux de la conditiõ des hommes de se plaindre de la mort : changeons nos plaintes en loüanges, & remercions Dieu de nous auoir donné, & conserué quelque temps ceste noble Princesse, plustost que de le blasmer de ce qu'il la retiree chargee des merites, que ces rares vertus luy ont acquis emportant les affections, & les cœurs de tous ceux, qui ont eu le bien de la seruir: au nom desquels ie luy ay dressé ceste Pyramide, pour marque, & memorial eternel des nobles qualitez & rares perfections de son ame, & pour demonstration de la souuenance, que nous auons de son bon, & liberal naturel. Mais il est temps de couronner le tombeau. Ie suis trop long: parce que ie ne peux faire fin, que par sa fin. *Iam dudum prolixior habetur oratio dum times vltra progredi*, disoit Sainct Hierosme n'osant parler du trespas de Paula. Ie fuis de venir au recit de la mort, cōme si ie la pouuois differer en la taisant, comme si i'estois ignorant de la loy de Dieu sur laquelle nous iurons en naissant, ie sçay que la mort est l'escueil où toutes les grandeurs du monde font desbris, que dans ses tenebres se cache tout ce qui est esclaté à nos yeux: que si nous desirons le contentement de nos amis nous deuōs estre ioyeux de leur voir finir le cours de ceste miserable vie par vn trespas doux, & paisible plustost que de les voir tousiours craindre toutes les especes de mort, & en danger de subir les plus dangereuses, & difficiles. Qui pourra neantmoins voir sans larmes ceste Princesse mourante? qui pourra ouyr le recit de son decés sans souspirer? qui la pourra cōtempler attendant la mort, & se disposant pour la receuoir sans admirer? & encore que toutes ces affectiōs ayent saisi mon cœur, pourtant ne peux-ie taire ses genereuſes reſolutions en ſa maladie, ſes beaux dictons en faueur de la vertu, & condemnation des grandeurs, vanitez, & delices de ce monde, ſon reſſentiment de pieté en la reception des ſaincts Sacremens de l'Euchariſtie, & derniere Onction, le deffi qu'elle a donné à la mort, ſon courage à l'attendre, ſon recours aux prieres de l'Egliſe triomphante, & militante, les ſouſpirs & eſlancemens enuoyez au Ciel pour auantcouriers de ſon ame partie doucement de ſon corps pāché ſur vn Crucifix; pour mourir comme Moyſe, *ſuper os Iehouah*, ſur la bouche de Dieu, qui a receu ſon eſprit comme vn beau Lys cueilli dās le iardin de Frāce, & la plus noble Marguerite du parterre de ſon Egliſe: Ainſi Dieu a retiré ceſte belle ame, à laquelle ſur ſon deſpart on a ouy dire des parolles, & veu faire des actions encore plus merueilleuſes, que celles, que nous auons remarqué en ſa vie;ayant en ce paſſage faict comme le Cigne mourant, qui ne chante iamais mieux que lors que d'vn meſme goſier il pouſſe la vie, & la voix tout enſemble, & comme vne belle colombe reuole en l'Arche du Ciel portant en ſon bec le rameau d'oliuier pour marque de ſes vertus ſur tout de ſes miſericordes, receuant de ſa main de Dieu la couronne d'vn plus beau & plus riche alloy que celle qu'elle a porté en terre. Apres ſa mort la beauté de ſon viſage teſmoignoit aſſez la tranquillité de ſon treſpas, & le bon heur de ſon ame laquelle

armee

armee de la force de ses vertus, & reuestuë de la beauté des graces de Dieu, a faict paroistre son contentement à son despart, & qu'on pouuoit dire d'elle auecque verité ce que le sage escrit de la dame vertueuse, *Fortitudo & decor indumentum eius & ridebit in die nouissimo:* Ceste fin bien heureuse est vn noble chapeau de fleurs, qu'il faut mettre pour couronnement à sa Pyramide Royale : ne permettons pas qu'on nous reproche ce que disoit Minutius, *coronas etiam sepulchris denegatis, pallidi, miseri, misericordia digni*, quoy que nous soyons pasles, miserables, dignes de misericorde, nous apporterons vne couronne à ce tombeau, ou de cypres pour marque de pieté, ou d'oliuier pour symbole de liberalité.

Spargens rore leui; & ramo fœlicis oliuæ.

Ou d'ache pour representer la bonté & facilité. ou de laurier pour exprimer l'amour aux lettres, ou de Lys & Marguerites franches à vne Margueritte fille de France, & apres en auoir couuert la terre qui est au tour de la Pyramide, & l'auoir arrousee de nos pleurs, nous dirons les derniers à dieux que les Romains donnoient aux ames des trepassez, *Aue, Salue, Vale.* A Dieu Royne pieuse, Princesse liberale, Dame debonnaire, Mere des lettres, que la terre respecte vostre noble corps, qui attend le resueil general des mortels pour se reioindre à vostre ame glorieuse : tel est le commun souhait des Princes, qui vous regrettent, des Gentils-hommes qui vous pleurent, des gens de lettres qui ſoupirent apres vous, des pauures qui ne peuuent ſe conſoler, de voſtre famille deſolee & generallement de tous les bons François.

Pour mon particulier, ie prie la majeſté du grand Dieu, que s'il reſtoit à voſtre ame quelque choſe à acquiter, il entende la priere, & tres-humble ſupplication que ie luy faicts, auec les meſmes termes, deſquels ſe ſe ſeruit ſaint Ambroiſe pour prier pour ſon bienfacteur ſignalé l'Empereur Theodoſe: *Da, Domine, requiem animæ famuli tui Theodoſij*: Ie dis, *animæ famulæ tuæ Margaretæ: Illuc conuertatur anima eius, vbi mortis aculeum ſentire non poſſit: Colui illam, & ideò proſequar illam vſque ad regionem viuorum, nec deſeram, donec fletibus, & precibus inducam eam quò ſua merita vocant, in montem Domini, vbi perennis vita, nullus gemitus, nullus dolor:* Seigneur, donnez repos à l'eſprit de voſtre ſeruante Marguerite: que ſon ame ſoit en place où elle ne puiſſe ſentir l'aiguillon de la mort ſeconde: ie l'ay honoree, c'eſt pourquoy ie l'accompagneray iuſques à la region des viuants, & ne la quitteray point, que par mes prieres, & par mes pleurs ie ne luy aye donné entree au lieu où ſes merites l'appellent, en la montagne de Dieu, d'où les douleurs, & les gemiſſemens ſont bannis, & où eſt la vie eternelle, & felicité perdurable. Ainſi ſoit-il.

www.ingramcontent.com/pod-product-compliance
Ingram Content Group UK Ltd.
Pitfield, Milton Keynes, MK11 3LW, UK
UKHW021212230726
13926UKWH00001B/467